VENTE
HOTEL DROUOT, SALLE N° 8

Le Mercredi 1er Décembre 1909

A DEUX HEURES DE RELEVÉE

EXPOSITION PUBLIQUE

Le Dimanche 28 Novembre 1909

HOTEL DROUOT, SALLE N° 8

de 2 heures à 5 heures ½

BONS LIVRES

ANCIENS ET MODERNES

SUR

LES BEAUX-ARTS, L'HISTOIRE ET LA LITTÉRATURE

INTÉRESSANTE RÉUNION

D'ANCIENS MANUSCRITS PERSANS

Richement ornés de MINIATURES

Mᵉ EMMANUEL ORIGET

COMMISSAIRE PRISEUR

3, Boulevard Sébastopol, 3 - PARIS

M. ALBERT DU MAY

EXPERT-LIBRAIRE

14bis Rue Saint-Georges, 14bis - PARIS

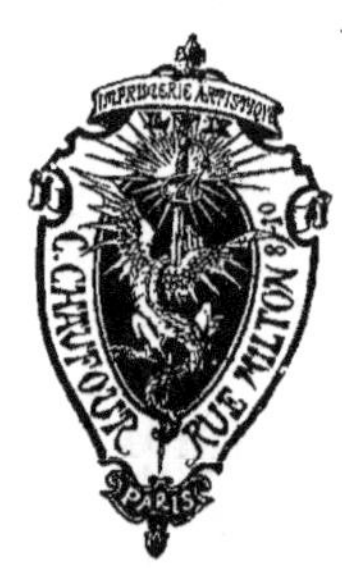

BONS LIVRES

ANCIENS ET MODERNES

SUR

LES BEAUX-ARTS, L'HISTOIRE & LA LITTÉRATURE

Amours de Daphnis et Chloé, rel. en maroquin
Adolphe de **Benj. CONSTANT**, rel. de MARIUS MICHEL
Chansons populaires de la France
Conservateur littéraire — Notre-Dame de Paris, 1844
LE PRINCE, *Ajustements et usages de Russie 1767-68*
MUSSET, *Confession d'un enfant du Siècle*, 1836
VOLTAIRE, *La Pucelle*, rel. en maroquin ancien

Ouvrages provenant de la Bibliothèque des Goncourt

LOUISON

Manuscrit autographe d'Alfred DE MUSSET

CATALOGUES ILLUSTRÉS DE VENTES PUBLIQUES

OUVRAGES DIVERS

INTÉRESSANTE RÉUNION

D'ANCIENS MANUSCRITS PERSANS

Richement ornés de MINIATURES

DONT LA VENTE AUX ENCHÈRES PUBLIQUES AURA LIEU

HOTEL DROUOT - SALLE N° 8

Le Mercredi 1er Décembre 1909

A DEUX HEURES DE RELEVÉE

Par le Ministère de Me **Emmanuel ORIGET**. Commissaire-Priseur
PARIS — 3, Boulevard Sébastopol, 3
Assisté de **M. Albert DU MAY**, Expert-Libraire
PARIS — 14bis, Rue Saint-Georges, 14bis
CHEZ LESQUELS SE DISTRIBUE LA NOTICE

EXPOSITION PUBLIQUE : le Dimanche 28 Novembre 1909
HOTEL DROUOT - SALLE N° 8, DE 2 H. A 5 H. 1/2

AU COMPTANT 10 0/0 EN SUS DES ENCHÈRES

CONDITIONS DE LA VENTE

La vente sera faite **expressément** au comptant.

Les acquéreurs paieront *Dix pour Cent* en sus des enchères.

Les désignations étant présumées faites avec soin, l'adjudication ne pourra être annulée pour fautes ou imperfections de description ou d'impression.

L'Expert se réserve le droit (*dans l'intérêt de la vente*), de diviser ou de grouper les nos du Catalogue.

M. A. du MAY exécutera aux conditions d'usage, les ordres qui lui seront confiés, au mieux des intérêts de l'acheteur; celui-ci devra cependant indiquer la limite qu'il est disposé à payer en tenant compte des 10 o/o et remettre couverture d'avance.

Il ne sera admis aucune réclamation, une fois l'adjudication prononcée.

BIBLIOTHÈQUE

DÉSIGNATION

1. **Bloche** (Arth.). — La Vente des Diamants de la Couronne, son histoire; catalogue raisonné des joyaux (35 fig.). *Paris, Quantin,* 1888. 1 vol. in-8º carré, br.

2. **Cham.** — Souvenirs de garnison. *Paris, Aubert,* (22 pl. sur 30), lith. col. 1 vol. in-4º obl. cart.

3. **Catalogues** illustrés de ventes de **Tableaux.** — Faillite *Humbert.* — Ventes *Jongkind, Moreau Nélaton.* — Ens. 5 vol. in-8º et in-4º br.

4. **Idem.** — Coll. *Blot, Tabourier, Tavernier.* — Ens. 3 vol. in-4º br.

5. **Idem.** — Coll. G...., *Haro* père, *Plessis-Bellière, Talleyrand, Yvon* (Mme d'). — Ens. 5 vol. de form. div. br.

6. **Idem.** — Coll. *Bing, Victor Desfossés.* — Ens. 3 vol. in-fº br.

7. **Idem.** — Coll. de M. le comte **Armand Doria.** *Paris G. Petit,* 1892. 2 vol. in-4º br. (publ. à 100'.

8. **Idem**. — Coll. *J. de Bryas, Em. Pacully*. — Ens. 3 vol. in-4° br.

9. **Idem**. — Coll. *Barincou, Blanquet de Fulde, Boudin, Hubert Debrousse, Degeuser, Heugel, L.-B., Vibert, Vioujard, Weiller*. — Ens. 10 vol. in-8° et in-4° br.

10. **Idem**. — Réunion de 20 catal. Coll. d'Objets d'art et divers de *Bellière, Beurdeley, Derval, Ferronays* (C^{esse} de la), *Lepic, Saint-Germain, Scheffer*, etc. -- Ens. 20 vol. de form. div. br.

11. **Idem**. — Réunion de 28 catal. Coll. de Tableaux, Objets d'art, etc., de **P. Eudel**, *Hauptmann, Luminais, Mireur* (Doct.), *Mohrenheim* (Baron de), *Alph. de Neuville, Perkins, Rochegrosse, Rousseau, Yon*, etc. — Ens. 28 vol. de form. div. br.

12. **Idem.** — Réunion de 8 cat. Coll. d'Objets d'art et divers de M. G... *Lassalle, Leclerq, Wanda de Boncza, Zschille*. — Ens. 8 vol. de form. div. br.

13. **Journaux** satiriques illustrés. — *La Feuille, Le Gil-Blas, Le Psst, Le Rire*, etc. Réunion de numéros sur l'affaire **Dreyfus**.

---

14. **Divers**. — *Florence et Sienne*, 1 vol. in-f° demi-rel. — *Les Vebers's*, 1 vol. in-4° br. — *Almanachs des Muses*, an VI et 1788, 2 vol. in-12 br. — *Vie de Mme Elisabeth de France*, 1 vol. in-16 br. — Ens. 5 vol. de form. div. rel. et br.

15. **Écoles du Gouvernement. — Comberousse**. Histoire de l'Ecole centrale des arts et manufactures. — Hist. de l'école de Saint-Cyr. — Hist. de l'Ecole polytechnique par **Pinet**. — Ens. 3 vol. in-8° br.

16. **Économiste français** (L'). — Années 1884-92 (lac.). — Ens. 8 vol. in-4° demi rel.

17. **Herbier naturel**. — 2 albums in-4° cart.

18. **Livre du Centenaire** (Le). — Ecole polytechnique. *Paris, Gauthier Villars,* 1895. 3 vol. in-4° br.

____

19. **Actes des Apôtres** (Les) et Collection des Actes des Apôtres. 11 vol. in-8° dont 10 rel. et 1 br. 4 fig. *(Mauvais état)*.

____

20. **Art et décoration**. — Année 1897. 1 vol. in-8° demi rel.

21. **Bazin** (Hippolyte). — Les Monuments de Paris. Souvenirs de 20 siècles. 1 vol. in-4°, br.

22. **Deville**. — Histoire de la verrerie dans l'antiquité. 1 vol. in-4° en cart.

23. **Eyriès et Sadoux**. — Châteaux historiques de la France 3 vol. in-4°, demi-rel.

24. **La Fontaine**. — Fables illust. *d'après* **Oudry**. *Paris,* 1886. 4 vol. in-f° demi-rel.

25. **Lenormant**. — Histoire ancienne de l'Orient. T. I et II. 2 vol. in-4° cart. édit.

26. **Manzoni** (Alex.). — I promiti sposi (les Fiancés). — Milan, 1840, 1 vol. 8° cart.

27. **Maria Star**. — Terre de Symboles. 1 vol. in-8° demi-rel. *(Fig.)*

28. **Mielot** (J.). — Vie de Sainte Catherine d'Alexandrie. 1 vol. in-8° demi-rel.

29. **Nadaud**. — Chansons légères, illust. par ses amis. 1 vol. in-4°, demi-rel.

30. **Renart**. — Répertoire des Collectionneurs de la France et de l'Etranger (1895-96). 1 vol. in-12, cart.

3i. **Rouen** (*Colonel*). — L'Armée belge. 1 vol. in-4°, cart. édit.

3i *bis*. **Les Amours pastorales de Daphnis et Chloé**
(*traduit du grec de Longus par Amyot*)). S. L. *Paris,
Quillau*, 1745, 1 vol. in-4° front. et fig. mar. rouge dos
orné, fil. tr. dor. *(Rel. anc.)*

> Bel exemplaire en *grand papier*. Cette édition est ornée de
> figures gravées par *Audran* d'après les peintures de Philippe
> d'Orléans, régent, déjà publiées dans l'édition de 1718, et de
> 4 culs-de-lampe de Cochin. La figure de **Coypel** dite *aux petits
> pieds* paraît pour la première fois dans cette édition. Ex-libris
> des *Goncourt*.

32. **Augustin** (Saint). — Œuvres, texte latin, fig. sur bois.
1490. 1 vol. in-f° rel. veau sur ais de bois (*état médiocre*).

33. **Avis important au sexe**, ou essai sur les corps baleinés,
pour former et conserver la taille aux jeunes personnes,
par M. **Reisser** l'aîné. *Lyon*, 1770, 1 vol. in-12 mar.
rouge, dos orné, dent., fleur en mosaïque, tr. dor. *(Rel.
anc.)*

> Orné de 5 planches avec fig. de corsets, de paniers, etc.
> **(Rare.)**

34. **Benjamin Constant**. — Adolphe. *Paris*, 1901, 1 vol.
in-4° maroq. Laval. écrasé, ornem. ciselé formant des
nœuds de rubans aux angles des plats de la reliure, dent.
int. gard. doubl. de satin (*Marius Michel*).

> Un des 17 exemplaires tirés sur papier de Chine, auquel on
> a joint: Le Livre d'artiste, par **Clément Janin**, avec une
> pointe-sèche originale de *G. Jeanniot* (portrait de Benjamin
> Constant). *Paris, Bosse, 1904.* 12 études grav. sur bois avec
> les tirages hors texte.

35. **Boccatii** Ionnis de certaldo insigne opus de claris mulie-
ribus. *Berne*, 1539, 1 vol. in-f° rel. vélin (*14 fig. sur bois*).

36. **Brillat-Savarin**. — Physiologie du goût. *Paris, Sau-
telet*, 1876, 2 vol. in-8° rel. toile, n. r. couv. cons.

37. **Chansons** populaires de la France. — *Paris, Delloye,*
3 vol. in-8° demi-rel. couv. cons. (*ex. rogné*).

38. **Conservateur** littéraire (Le). — *Paris,* Bureau du conserv.
1820. 3 vol. in-8° br. couv.

    Exempl. bien **complet** d'une publication dev. nue très rare.

39. **Froissart** (Jehan). — Histoire et Chronique mémorable.
Paris, 1574. 4 part. en 1 vol. in-f°, rel. veau.

40. **Goncourt** (E. et J.). — Les Maîtresses de Louis XV. *Paris,*
Firmin-Didot, 1866, 2 vol. in-8° pl. mar. rouge fil. or sur
les pl. dent. int. couv. cons. (*Chambolle-Duru*).

    Très bel exempl. possédant la suite de Petitot en 2 états.
Eaux-fortes, épreuves d'état, Chine terminé, dessins rejetés, etc.

41. **Grandville.** — Les Métamorphoses du jour. *Paris, Bulla,*
1829. Album fact. de form. in-f° oblong dans lequel la
couv. et les planch. col. ont été appliq.

42. **Hugo** (Victor). — Notre-Dame de Paris. *Paris, Perrotin,*
1844. 1 vol. in-8° débr. avec la couv. (Exempl. lavé.)

    Très bel et précieux exempl. possédant les suites de fig.
d'après les dessins de Beaumont, Boulanger, Daubigny.
T. Johannot, Le Mud, Meissonier, etc.

43. **Le Prince** (J.-B.). — Divers ajustements et usages de
Russie dédiés à M. Boucher par son élève (*1767 68*),
107 pl. dess. et grav. à l'eau-forte. 1 vol. petit in-f°, pl.
chag. rouge fil. or et dos orn. dent. int., ébarb. (*Baboucy*),
2 *ex-libris*.

44. **Musset** (A. de). — Confession d'un enfant du siècle.
Paris, Bonnaire, 1836, 2 vol. in-8°, pl. mar. rouge dos et
pl. orn. de fil. dor. (Thiver)

    Exempl. ébarbé, manque les couv.

45. MUSSET (Alfred de). — *LOUISON*. Manuscrit autographe d'Alfred de Musset.

Très précieux manuscrit écrit sur feuilles de papier dit *écolier* et relié en 1 vol. grand in-8°, plein maroquin bleu janséniste, gardes doubl. (Etui.).

46. Virgile. — Œuvres. Texte latin, fig. sur bois. 1 vol. in-f°, rel. veau.

47. Voltaire. — La Pucelle d'Orléans. *Londres*, 1775, 1 vol. in-8°, rel. mar. rouge, dos orné, fil. sur les plats tr. dor. *(Rel. anc.)*.

Belles fig. découvertes.

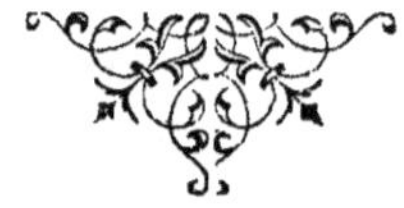

MANUSCRITS PERSANS

---

1. **Les Amours de Leïla et Medjnoun**. — Recueil de poésies en langue persane, du poète **Nizami** surnommé **Candjéwi** (du nom de la ville de Candjéh où il est né.

1 vol. in-8° (17 × 29) de 250 ff. — Reliure en maroquin rouge (patiné).

Très beau manuscrit, sur papier fort du Japon, légèrement teinté. Ecrit vers l'an 990 de l'Hégire (1588) par **Laoul Ulmelek** Belle écriture *Talik* disposée sur 4 colonnes à la page dans un encadrement bleu rehaussé de filets d'or.

Seize miniatures de dimensions variées, d'une très grande finesse d'exécution et d'une fraîcheur de coloris extraordinaire. représentant des scènes remarquablement composées où les personnages sont étonnamment expressifs (*une des miniatures est encadrée d'ornements représentant des arbres, des fleurs, des oiseaux*). *Superbe titre* tenant 2 ff. entiers formant frontispice, un très bel en-tête de chapitre, fleurons, culs-de-lampe, etc. formés de motifs d'ornements sur fond lapis-lazuli rehaussé d'or.

Ex-libris de Osman Han.

Sauf quelques mouillures dans le texte et 2 miniatures endommagées, l'ensemble de ce manuscrit est en très bon état de conservation.

2. **Anthos Légo** ou Recueil anthologique des œuvres poéti-
ques du poète persan **Baki**.

> 1 vol. in-8° (16 × 25) de 126 ff. — Reliure en maroquin brun,
> poli, à recouvrement porte-feuille. Ornements gaufrés sur les
> plats. (Reliure fatiguée.)
> **Manuscrit** sur papier fort du Japon, teinté rose et chiné or.
> Belle écriture *Talik* disposée sur 2 colonnes à la page dans un
> encadrement à double filet d'or la séparant de notes, commen-
> taires et gloses marginales.
> **Très bel en-tête** formant frontispice et tenant 2 ff. entiers.
> Splendides motifs d'ornements sur fond lapis-lazuli rehauss
> d'or.
> Manuscrit en bon état de conservation.

3. **Anthos Légo** ou Recueil anthologique de poésies en
langue persane,

> 1 vol. in 12 (12 × 23) de 90 ff. — Reliure en maroquin rouge
> (patiné). Ornements gaufrés sur les plats.
> **Manuscrit** sur papier fin du Japon, parcheminé et légèrement
> teinté. Belle écriture disposée sur 2 colonnes à la page dans un
> encadrement à double filet d'ors.
> **Sept miniatures** de dimensions variées (*Scènes de la vie
> persane*). *En-tête* en lapis-lazuli sur fond d'ors.
> Manuscrit en bon état de conservation.

4. **Anthos Légo** ou Recueil anthologique de poésies en
langue persane.

> 1 vol. in-f° (30 × 43) de 38 ff. — Reliure persane du
> XVIII° siècle, plats en laque, ornés au *recto* de scènes curieuse-
> ment composées, d'une tonalité extraordinaire, pleines de vie
> et d'expression.
> Ce sont de véritables tableaux dont le coloris spécial imprime
> le cachet de séduction propre aux Orientaux. *Le verso des plats
> en laque rouge, est décoré de bouquets de fleurs dans de forts
> jolis motifs d'ornements.* Quelques endroits sont écaillés, mais
> facilement réparables.
> **Manuscrit** provenant de la Bibliothèque de Sa Majesté le
> *Khan Mehemed Hader*, écrit par *Aboul-Hazi* sur papier fin du
> Japon, parcheminé et légèrement teinté. Le texte, de format
> in-8°, est entouré d'ornements, arabesques, rinceaux, etc.,
> formant encadrement sur fond de couleurs différentes, chiné
> d'or et d'argent, le tout remonté sur papier fort du Japon, for-
> mant marges blanches. Le remontage a été très habilement
> dissimulé par un double filet d'or. *Une miniature* légèrement
> effacée forme titre d'un chapitre.
> L'ensemble de ce manuscrit est en bon état de conservation.

5. **Divan** ou Recueil de poésies persanes de **Hafiz** (*Moham-
mcd-Chems-Eddyn*), un des plus célèbres poètes persans
qui par la grâce de ses poèmes et par la licence de ses
ouvrages fut appelé **Chekerleb** c'est-à-dire *La lèvre de
sucre.*

> *Hafiz* peut être considéré comme l'*Anacréon* de la Perse, car
> ainsi que le poète grec, il a chanté le vin et l'Amour. Son *Divan*
> ou recueil de poésies contient 57: odes ou ghaze's et fut publié
> à *Calcutta* en 1791 (*1 vol. in-f°, texte persan*). Depuis, il a été
> fait de nombreuses traductions partielle en latin, en anglais et
> en français.
>
> 1 vol. in-8° (13 × 20) de 220 ff. — Reliure ancienne en maro-
> quin noir à recouvrement porte-feuille, ornée d'arabesques et
> d'ornements mosaïques d'un très bel effet. L'intérieur des plats
> de la reliure est doublé de maroquin rouge (patiné) rehaussé
> de filets d'or formant encadrement.
>
> **Manuscrit,** sur papier fort du Japon, nuancé rose et jaune.
> Ecrit vers l'an 884 de l'Hégire (1482) par *Ali Nébïyé*. Belle
> écriture *Talik* disposée sur 2 colonnes à la page dans un enca-
> drement à filet bleu rehaussé d'un liseré d'or.
>
> **Sept miniatures** de dimensions variées (*très bien exécutées*),
> représentant des scènes de la vie persane. *Huit feuillets* déco-
> rés d'arabesques de toute beauté (*comme composition*), et *cinq
> en-têtes* ou titres de chapitres d'un coloris intense ornent ce
> manuscrit *en très bon état de conservation.*

6. **Divan** ou Recueil de quelques poésies du poète persan
Hafiz (*Mohammed-Chems-Eddyn*).

> 1 vol. in-f° (17 × 26) de 32 ff. — Reliure en maroquin brun
> glacé (Reliure fatiguée).
>
> **Manuscrit** sur papier du Japon légèrement teinté. Belle
> écriture *Talik* disposée sur 2 colonnes à la page dans un enca-
> drement à filets bleu turquoise et incarnat. *Joli en-tête* formant
> titre général et composé de gracieux ornements.
>
> Ce manuscrit est en bon état de conservation.

7. **Divan Nevaï.** — Recueil de poésies en langue persane,
du poète **Esseïd Rahman**.

> 1 vol. in-8° (16 × 26) de 178 ff. — Reliure en maroquin écrasé
> du levant (ton La Vallière), à recouvrement porte-feuille, orne-
> ments (rosaces) gaufrés, sur les plats de la reliure.
>
> **Très beau manuscrit**, sur papier fort du Japon, parcheminé
> et légèrement teinté. Ecrit vers l'an 990 de l'Hégire (1588) par
> le célèbre calligraphe *Tjélebi Yulkaïni*. Belle écriture *Talik*
> disposée sur 2 colonnes à la page dans un fort joli encadrement
> bleu rehaussé de filets d'or.
>
> **Six miniatures** de dimensions variées, très finement exécu-
> tées représentant des scènes de la vie persane. *Superbe titre*
> tenant 2 ff. entiers et formant frontispice composé de motifs
> d'ornements sur fond lapis-lazuli rehaussé d'or.
>
> Sauf 2 miniatures sensiblement endommagées, l'ensemble de
> ce manuscrit est en très bon état de conservation.

8. **Kitab Gyran el Habachi.** — Le livre de la Conjonc-
tion Abyssine en langue Persane, attribuée à *Abou-Tahir-
Ben-Hussein-Ben-Mohamed-El-Tortouchi*. Recueil dans
lequel se trouve : **Seif-El-Mulouk, l'Histoire du
prince de Khoraçan, l'Histoire de Lein-el-Os-
man, un extrait de Merzuban-namek** (le livre des
Satrapes), etc.

> 1 vol. in-8° (15 × 22) de 228 ff. — Reliure en veau (*état
> médiocre*).
>
> **Manuscrit** sur papier fin du Japon, parcheminé et légèrement
> teinté. Ecrit en persan vers l'an 820 de l'Hégire (1418). Belle
> écriture disposée sur une colonne à la page, entourée d'un
> double filet d'or la séparant des notes, commentaires et gloses
> marginales. *Treize inscriptions kufiques sur fond lapis lazuli
> rehaussé d'or.*
>
> **Vingt-et-une miniatures** de dimensions variées (Scènes de
> guerre, de chasse, etc). En-têtes de chapitres, fleurons, culs-
> de-lampe formant des motifs d'ornements du plus heureux
> effet.
>
> Ce manuscrit extrêmement précieux est malheureusement en
> mauvais état de conservation. Les miniatures sont pour la plu-
> part endommagées et de nombreuses pages de texte ont été
> lacérées.

9. **Marifet Nameh.** — Le Livre de la Science par **Ibrahim Hadji.**

> 1 vol. in-8° (13×23) de 300 ff. — Reliure du xix° siècle en maroquin écrasé (rouge patiné), à recouvrement porte-feuille. ornements gaufrés sur les plats. Tranches dorées.
>
> **Manuscrit** sur papier fin du Japon, parcheminé et légèrement teinté. Ecrit vers l'an 1245 de l'Hégire (1833) par *Khalil-el-Yasarï-Asyabi Zadeh.* Belle écriture arabe disposée sur une colonne à la page dans un encadrement à double filet incarnat rehaussé d'or, la séparant de notes, commentaires et gloses marginales.
>
> **Quatorze figures** cosmographiques, géographiques et géométriques d'une parfaite et savante exécution. *Superbe titre* tenant 2 ff entiers et formant frontispice, véritable merveille de composition ornementale. *Douze en-têtes,* fleurons variés, culs-de-lampe, etc., formant des motifs d'ornements, d'une finesse, d'un fini et d'un coloris extraordinaires.
>
> Manuscrit en parfait état de conservation.

10. **Rauzhet Ul Ahbah** ou le jardin des amis. Biographie de Mahomet et de ses disciples. Ouvrage en langue persane de **Djemal Uddin Atta Ullah** (*fils de Faïil-Ullah-el-Chiraï*) composé à la demande du célèbre Vizir Mir-Ali-Chir.

> 1 vol. in-f° (17×27) de 305 ff. — Reliure ancienne en maroquin noir à grains, ornements gaufrés et mosaïqués sur les plats. Le verso des plats doublé de maroquin rouge (patiné) et encadrement de 2 filets dorés.
>
> **Manuscrit** sur papier du Japon écrit vers l'an 888 de l'Hégire (1486). Très belle écriture disposée sur une colonne à la page dans un encadrement à filet bleu rehaussé de 2 filets d'or. *En-tête* formant titre général composé d'ornements du plus bel effet.
>
> Sauf quelques mouillures, ce manuscrit est en bon état de conservation.

11. **Schah Nameh Firdoussi**. — Conte persan.

Précieux manuscrit sur papier teinté du Japon. Ecrit vers l'an 901 de l'Hégire (1499) disposée sur 5 colonnes à la page (*plusieurs ff. ont été habilement remontés*) dans un encadrement à double filet d'or.

Quatre-vingt-quatre jolies miniatures représentant des combats, des sacrifices, des jeux et de nombreuses scènes de la vie indo-persane. *En-tête* formant titre général, sur fond bleu turquoise rehaussé d'ors.

18 miniatures sont sensiblement endommagées ainsi que quelques feuilles de texte légèrement mouillées. Autrement ce manuscrit est en bon état de conservation.

12. **Schah-Nameh Firdaoussi**. — Conte en langue persane.

1 vol. in-4° (23×33) de 545 ff. — Reliure en veau. (Reliure fatiguée.)

Précieux manuscrit sur papier te'nté du Japon. *Ecriture Talik très ancienne* (vers le xiv° siècle) disposée sur 4 colonnes à la page dans un encadrement à 2 filets d'or.

Sept splendides miniatures (*une miniature endommagée*) représentant des scènes de la vie persane. *En-tête* tenant 2 ff. entiers et formant frontispice, composition d'une finesse extraordinaire représentant des ornements à fleurs sur fonds de couleurs rehaussés d'ors.

Sauf quelques mouillures, ce manuscrit est en bon état de conservation.

13. **Silsile Elseheb. — Youssouff et Zuleikha,** Contes persans.

> 1 vol. in-8º (18×26) de 312 ff. — Reliure ancienne, plats en laque, ornés (*recto et verso*) de jolis bouquets de fleurs d'un très beau coloris.
>
> Manuscrit sur papier du Japon, parcheminé et légèrement teinté. Ecrit vers l'an 886 de l'Hégire (1484). Très belle écriture *Talik* disposée sur 4 col. à la page dans un encadrement à double filet bleu rehaussé d'or.
>
> **Treize grandes miniatures** (dont malheureusement les figures des personnages ont été pour la plupart effacées). Superbe titre tenant 2 ff. entiers et formant frontispice, neuf en-têtes de chapitres composés d'arabesques, de rinceaux et de motifs d'ornements de toute beauté.

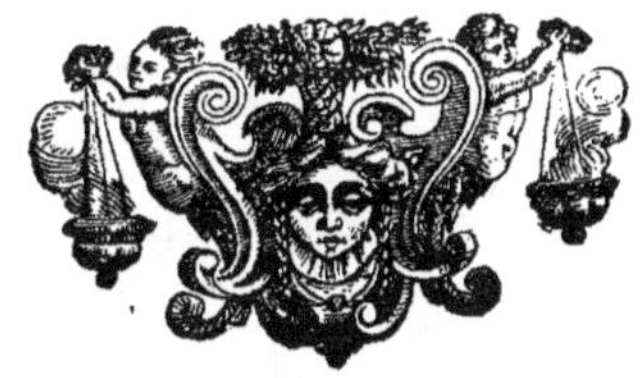